UN MÊME MOMENT D'EXISTENCE

Geneviève PERNIN

Avec des photographies
de Lin DELPIERRE

Séductrice, audacieuse, avec une humilité désarmante, Geneviève Pernin redéfinit la fonction de l'art et de la performance. Son corps devient le véhicule par lequel elle outrepasse ses limites physiques et intellectuelles afin qu'émerge l'art. Ses performances nous questionnent, nous bouleversent, nous bousculent, et nous renvoient à l'essence de notre condition humaine.

À mon premier contact avec son œuvre, en 2005, je suis saisie par la sensibilité intelligente de l'artiste et la perspicacité de son propos. L'installation interdisciplinaire «*J'ose la pose, un parcours*», présentée alors*, témoigne de cette démarche déjà bien amorcée où son travail artistique s'articule autour de la chambre d'hôpital, inspiré de sa propre histoire à travers l'hospitalisation de son père. Par son implication artistique, Geneviève Pernin redonne vie à l'humanité là où, par souci d'efficacité administrative, le milieu hospitalier l'a délaissée.

En 2008, dans le cadre de l'exposition de groupe *À la croisée de l'art et de la médecine*, présentée à Sherbrooke, au Québec, j'ai eu l'immense privilège, en tant que

* à la galerie de l'Institut Supérieur des Beaux-Arts de Besançon

commissaire de l'exposition, d'être témoin discret de ses performances chorégraphiques intitulées «*Si vous avez cinq minutes, je viens danser rien que pour vous*». C'est alors que m'apparaît toute l'ampleur de cette démarche artistique inusitée. J'ai pu voir ce passage de la performance qui devient art, de l'art qui devient vie, de vie qui devient art. Hors des circuits culturels, loin des critiques et du public initié, voilà que l'artiste s'offre à des personnes en institution, des personnes en quelque sorte marginalisées, dont la liberté et la dignité sont quotidiennement mises à l'épreuve.

L'artiste propose à une personne hospitalisée de danser pour elle dans sa chambre, pendant quelques minutes, sur une musique choisie par elle parmi des pièces qu'elle lui propose. Cette personne, parfois grabataire ou confinée au fauteuil roulant, est assujettie au bon vouloir des autres pour répondre à ses moindres besoins, à son plus simple désir. À travers le bref échange que Geneviève Pernin engage dès le moment de la rencontre, un premier mouvement s'installe entre la présence intense et respectueuse de l'artiste et la réponse du spectateur. C'est dès ce premier moment que s'amorce un rapport unique entre artiste et spectateur. De l'échange naît une complémentarité par la mise en situation qu'offre l'artiste; il n'y a pas de rapport de force, de comparaison mais la présence de deux êtres en train de vivre côte à côte un même moment d'existence. L'installation de ce contact est un volet de l'œuvre. Nous sommes à des années lumières de ces approches à visée thérapeutique ou des activités de type divertissement.

Une fois le rapport établi, elle investit le lieu et le métamorphose. L'éclairage au néon, le mobilier médical, l'air aseptisé, l'omniprésence du cadre institutionnel s'effacent et cèdent la place à la vie, à l'art. Il ne s'agit plus d'une chambre d'hôpital puisque émerge alors un espace de la danse, du corps, de la rencontre avec l'Autre. Une énergie, un mouvement naissent de cette rencontre. Il ne s'agit plus d'une personne qui danse et de l'autre qui est grabataire, il s'agit de leurs présences qui se rencontrent, qui se lient au-delà des apparences, au-delà de leur paradoxe apparent. Unies par l'art, elles se retrouvent dans le mouvement, le déploiement des membres, les flexions, les élancements mais aussi dans l'immobilité, dans ce temps d'arrêt. Le rapport entre l'artiste et le spectateur investit le lieu par cette danse contemporaine.

Geneviève Pernin offre un état d'être qui illumine la pièce, elle est entièrement présente rien que pour cette personne devant elle. Un dialogue s'installe dans lequel se transmet une énergie intense : c'est la rencontre du corps de la danseuse et de l'imaginaire du spectateur, qui ne font plus qu'un. L'artiste est présente, le spectateur se donne en regard, l'art advient, dans toute sa force. Dans ce geste radical, l'artiste crée un moment dans lequel art et vie se rejoignent : l'objectif de l'artiste est atteint, un état d'existence illumine l'espace et se transmet entre les deux êtres, il y a communion.

L'œuvre de Geneviève Pernin questionne les fondements même de l'art et s'inscrit au cœur de l'existence, bien au-delà des conventions, qu'elles soient académiques ou actuelles. Ce travail se positionne parmi les productions des grands artistes de la performance et des œuvres installatives contemporaines. Quoique pouvant se rapprocher de l'art relationnel, le propos de l'artiste va au-delà du simple rapport direct avec le spectateur. Par elle et avec elle, les frontières sont effondrées, une nouvelle prise de conscience se dégage. Pour l'artiste et le spectateur, la performance devient un moment de vie. La simplicité apparente de son travail cristallise la dignité humaine et la force de l'art.

Marie-France Baudoin

« OH, UN PETIT CORPS, UN TOUT PETIT CORPS »

Journal, 20 février 2003 – 8 décembre 2006

20 février 2003

Premier service : accueil chaleureux de l'équipe soignante, très curieuse. Première danse : une homme seul dans une chambre double. Il lit son magazine, ne me regarde pas ; en tout cas, pas directement. Après la première danse, je lui en propose une seconde, il accepte ; toujours sans lever le regard.
Les demandes des patients existent en fonction de l'intérêt qu'a su susciter l'équipe médicale. Souvent les malades sont dans un autre rapport au temps ; ils n'ont pas envie d'être dérangés ; ils sont dans leurs pensées, leurs souffrances et ne sont pas souvent désireux d'en sortir.
En gastro-entérologie, une femme m'attend avec impatience. Elle avait choisi 7 ou 8 danses sur le programme. Puis elle me fait faire le tour des chambres, demande si elle peut rester encore une fois, « me vend », devient mon impresario...
Les femmes des malades sont demandeuses ; ne pas devoir s'occuper de leur mari quelque temps est-il un soulagement pour elles ? Lui offrir ce qu'elles ne peuvent pas ? Une distraction ? Et comment faire avec le regard ? On se voit toujours, mon public et moi, tout le temps et très bien. Dois-je soutenir leur regard ? Dois-je m'effacer ? Est-ce un regard complice ? Quelle distance adopter ? Pour eux aussi, la situation est délicate. Il n'y a pas d'effet de lumières pour jouer avec. Certains ne me quittent pas des yeux, d'autres détournent leur regard lorsqu'ils croisent le mien, d'autres encore ne me regardent pas.

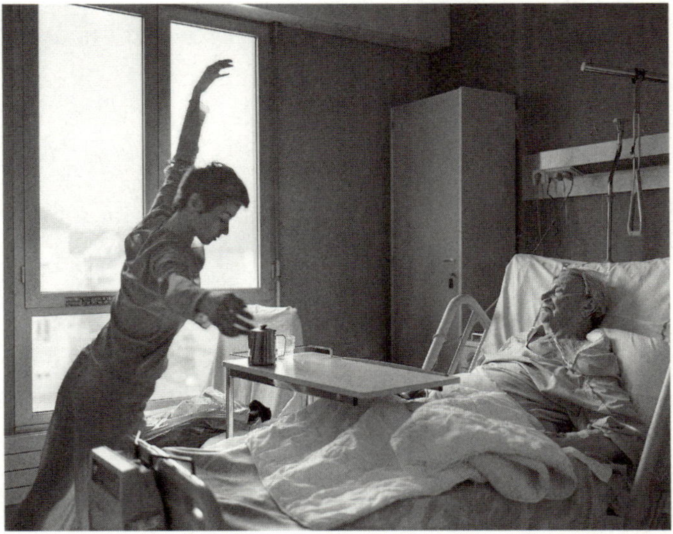

Comment danser pour quelqu'un, rien que pour lui, l'avoir en face de soi, dans une grande proximité d'espace, dans un lieu intime qui est la chambre, sans que cette personne ne vous regarde ?
Quel est ce dialogue ?
Il y a une envie, une demande de la part du malade.
Comment lui répondre ?
Qu'est-ce que ma présence ?
Quelle est ma place ?

La séparation scène/public n'existe pas. La magie, l'auréole qui enveloppent la danse sur scène n'existent pas. Quel est ce nouveau rapport entre nous ? Comment porter le geste ? Ces gens sont dénudés face à moi, ils ne sont pas en représentation, moi oui ! Nous sommes dans un lieu très intime. Qu'y faire de l'intérieur, comment y être ? Est-il possible de les transporter ailleurs ? Je pense que j'ai besoin d'un élément scénique à amener avec moi, un effet, un truc, qui fasse basculer le rapport espace/temps. J'ai, paradoxalement, besoin d'une mise en scène !
J'ai écrit « le spectacle vient à vous » mais qu'est-ce que le spectacle ? Pour l'instant, je n'amène pas le spectacle. Je ne suis pas « dans un état de spectacle vraiment ».

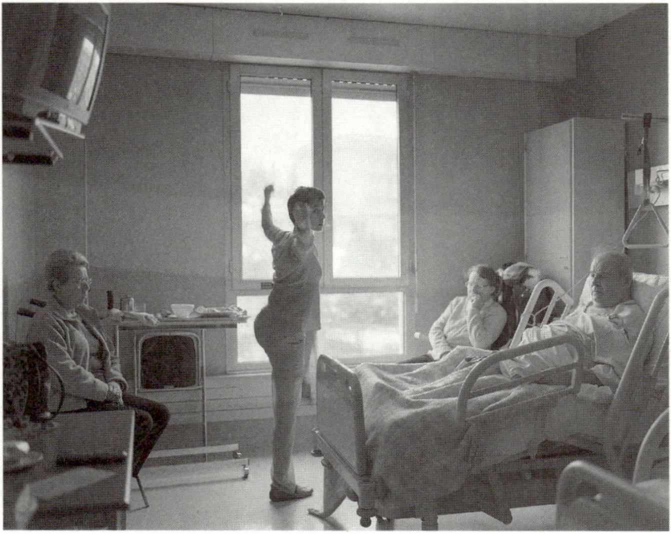

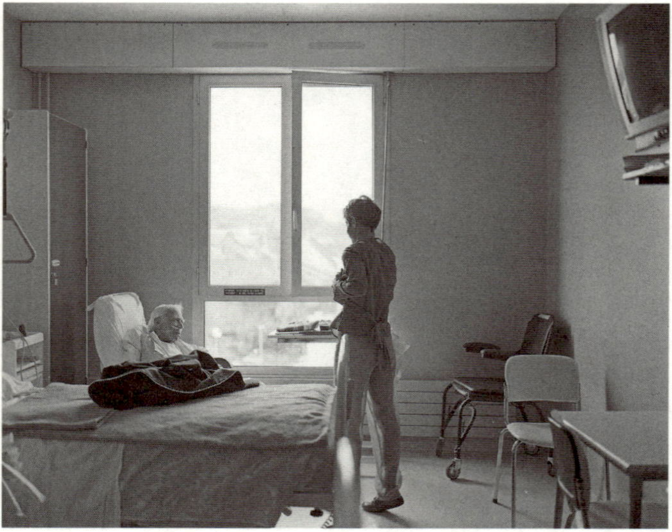

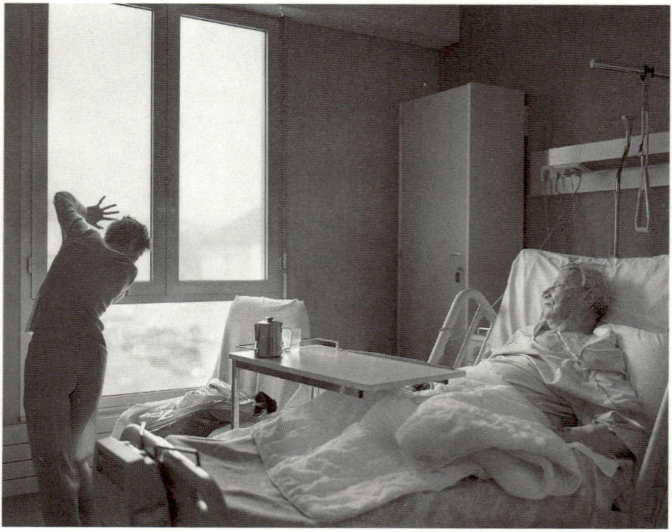

11 avril 2003

En pneumologie, toujours autant de demandes ; c'est vraiment un service à part.
Revoir des personnes pour la deuxième, voire la troisième fois. Drôle de sensation ; je n'avais pas pensé en voir autant, si rapidement. Cela fait basculer dans une familiarité : nous avons un passé en commun.
Essayer alors de se rappeler ce que j'avais dansé pour eux, leur apporter un peu plus, car ils ont déjà vécu cette première expérience, comme une découverte, une curiosité. Comme si plus d'exigence était nécessaire.

En cardiologie : une dame "juge-arbitre et responsable d'un stand de tir". 2 danses pour elle. Sa sœur est faible mais elle a besoin de bouger, c'est dans son tempérament.
La vieille dame qui parlait très peu a demandé 3 danses, cela ne la fatigue pas m'a-t-elle dit. Elle dansait avec ses mains.

En pneumologie une chambre double : une dame qui voulait une danse et une qui ne le désirait pas. *Je suis en train de mourir*, m'a-t-elle dit, *c'est fini, je n'ai plus besoin de rien. C'est comme ça. Avant j'étais gaie, mais là c'est la fin*. J'ai quand même dansé, elle avait l'air heureuse de me voir, elle souriait, elle m'a remerciée, ses yeux pétillaient encore.
En cardiologie, un vieux monsieur et une vieille dame. La dame a regretté que son père ne soit pas là car il aimait et

chantait des chansons de Rina Ketty. Mais son père est mort, je m'en doutais, vu l'âge de la dame.
Un médecin est désolé de ne pas avoir pu me voir aujourd'hui. Peut-être plus tard, mais le vendredi, il ne passe pas dans le service ; regrets dans sa voix, remerciements pour être là, gêne dans ce rapport.

En gastro-entérologie : très belle rencontre avec un monsieur, la quarantaine, qui a choisi une danse en silence ; visiblement très ému par ce qu'il a reçu, moi aussi, du coup. A priori, il avait l'air assez valide, il regardait, très présent, très ouvert. Le dialogue de corps à corps a vraiment eu lieu ; c'est troublant. Je ne lui ai pas proposé une autre danse ; je ne voulais pas risquer de le décevoir.

Comme donner envie aux gens ?
Une espèce de routine s'installe, or le public est toujours nouveau ; quelque chose de Sisyphe dans ce projet. Mais qu'est-ce que je veux ? Si ce n'est qu'un divertissement alors bingo, ça marche ! Après, attendre que l'étincelle vienne. Parfois elle se produit mais peu souvent. C'est un débarquement de martien dans leur chambre.
L'improvisation ne me fait plus peur. Parfois je me noie dans ma danse mais c'est aussi intéressant de la construire en fonction du public que j'ai en face.

22/23 mai

Le trac avant d'y aller. J'ai de la visite : un photographe et un journaliste. Et puis les services étaient un peu difficiles.
Le lecteur CD n'a pas fonctionné ; 3 heures à improviser dans le silence. Sacré challenge !
Puis, en fin de journée, une heure de discussion avec le journaliste. Envie et besoin de beaucoup parler.
En pneumo-oncologie, un vieux monsieur très ratatiné que je voyais depuis trois fois, a accepté pour la première fois une danse. Son trop fort. *Ce n'est pas de la danse mais de la gymnastique*. Lui a permis de parler, d'être plus réveillé après mon passage, dixit une de ses visiteuses.

En gastro-entérologie, j'ai dansé devant 2 mamies au bout du couloir auxquelles se sont joints 6 ou 7 soignants. Comme accompagnement musical, Chérie FM qui crachait sur ma tête. Assez rigolo.
Dans une chambre double, ai dansé pour un monsieur réveillé et pour un monsieur endormi. Danse dans le silence. Au moment des sifflements, ai réveillé le monsieur qui dormait ; il se demandait ce qui se passait, où il était.

Gynécologie : premier passage avec le journaliste et séance photos improvisée un peu forcée.
La journée du vendredi fut éprouvante, enrichissante et agréable. Bien sûr, éprouvante !

Anne était avec moi pendant toute la journée. Elle est entrée dans toutes les chambres avec moi.
C'était assez agréable qu'elle soit là, un peu comme si elle me soutenait. Elle, comme moi, arrive de l'extérieur, est une femme et vient travailler à l'hôpital pour la première fois.
Plusieurs très belles rencontres.

En cardiologie, une chambre double où ils étaient trois ; un couple face à face, le monsieur s'emballe en racontant ses souvenirs de danseur jeune, il adorait cela. Dans une autre, un gros gros monsieur en beau pyjama rouge, qui dit n'avoir jamais ressenti une émotion en regardant des spectacles à la télé, alors qu'ici, oui !!! Un homme malade, sa femme en visite, il nous fait part de son émotion, les larmes aux yeux. Puis il nous raconte sa maladie due aux vernis qu'il utilisait dans son métier. Ces deux dames : une qui nous lit notre ligne de chance et l'autre, très belle, très vieille, avec son bras dans le plâtre qui choisit la musique de Britten. Ces deux hommes : le tatoué au regard bleu comme sa chemise d'hôpital. Il veut « Souffles et crissements » (durée : 2mn30) et puis « La ligne de chance » (1mn54) et puis il propose à son voisin de choisir la suivante. Ce sera « Fanfare japonaise » ! 5 mn ! Ouf, je suis cuite. Eux aussi. Ils ne m'en redemandent plus. Le jeune homme qui joue sur la télé avec son amoureuse à côté de lui ; il choisit « Jim » ; il est ravi, impressionné par tout ce que je peux faire dans un si petit espace ; me remercie beaucoup pour tout ce que je fais.

En pneumologie, accueil toujours aussi chaleureux ; un vieux monsieur branché de partout, avec de gros appareils autour de lui, qui parle à peine. Je danse pour lui « Dring dring boum » ! Il est d'accord pour une autre, je danse Britten, il applaudit. En plus de tous ses appareillages, la télé hurle un jeu débile où il est question de Céline Dion, de Nathalie, d'«allez embrasser vos parents, les enfants, vous avez gagné une semaine à... »
Tout ça dans un si petit espace.
La dernière chambre, c'est surtout pour la lumière qu'il y avait que je propose de danser. On ferme la porte comme d'habitude, l'odeur est horrible, la vieille dame perd la tête, elle est à moitié nue.
Vision terrible. Fin. On est épuisés.

Ce projet a vraiment toute sa raison d'être. Je suis sur la bonne voie... De quoi ? Pourquoi ? Je n'en sais rien. Mais des choses se passent.
Sensation d'avoir beaucoup donné, beaucoup reçu, d'avoir été à ma place. J'ai été surprise de tenir plutôt bien mes équilibres mais cela est normal puisque j'étais à ma place !

Il me faut trois jours pour m'en remettre.

12/13 juin

Vendredi soir. Une grande lassitude. Un grand vide.
Beaucoup de fatigue et de tension.
Une grande inspiration avant de rentrer dans chaque chambre ; la personne qui se trouve à l'intérieur est plus mal que moi ; je lui apporte l'air de l'extérieur, le spectacle, le rêve, l'évasion, la fenêtre sur un autre monde.
Le souci de se dire qu'elle ne m'a jamais vue avant ; que je dois lui donner le meilleur. Le souci de bien faire, de remplir sa mission, l'exigence professionnelle.
Jeudi, en pneumo-oncologie, c'est comme une chape de plomb à chaque fois que je rentre dans ce service.
Pour la première fois, les programmes avaient été distribués mais je pense sincèrement que les soignants ont fait une sélection parmi les patients ; quel dommage !
je me suis fait remballer par une infirmière « ou genre ».
Peu d'accueil.
Une belle rencontre avec cette dame très digne et belle, cheveux gris, yeux bleus ; elle était malvoyante alors je me suis approchée d'elle jusqu'à ce qu'elle puisse assez bien voir mon corps. J'ai dansé à 40 cm d'elle.

Asseyez-vous là, vous avez bien cinq minutes...
Si vous avez cinq minutes, on discute ensemble.

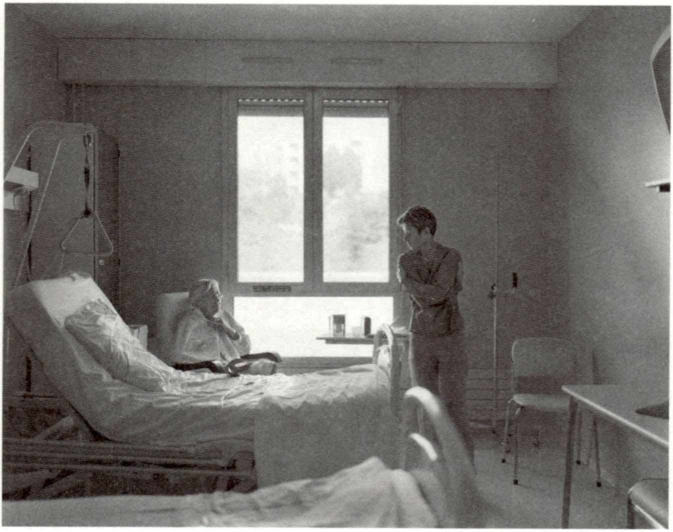

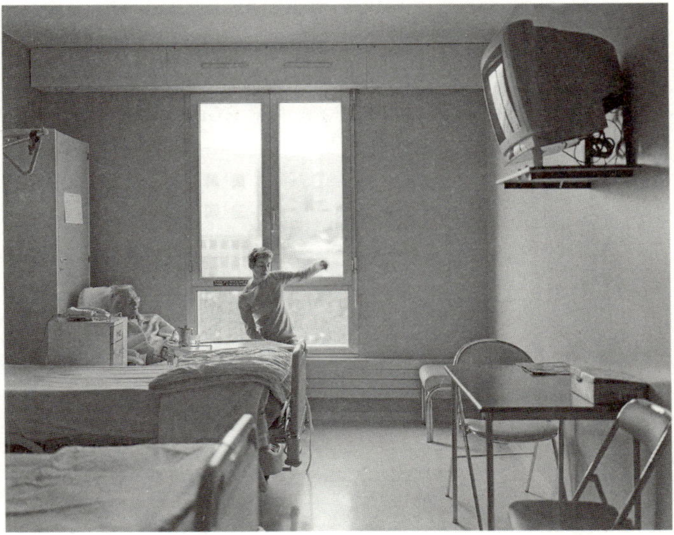

Réunion après six mois d'intervention

Très peu de monde. Mais bon, tout le monde peut-il suivre cette histoire ?
Proposition d'écrire un cahier de transmission ; mais stop. Je suis fatiguée d'aller toujours vers les autres. Pourquoi ne font-ils pas un pas eux aussi ?

Dans le service de gynéco, la cadre infirmière, du coup, est venue voir !
Présentation de la vidéo, très bien reçue ; belle et vraie émotion. Journaliste du *Progrès*. À voir l'article.
Vendredi. Rendez-vous avec le journaliste *AFP* + photographe.

En pneumologie, pour la première fois, ils n'avaient pas distribué le programme ! Plus de refus que d'habitude. Mais l'équipe toujours très présente. Plusieurs fois, et cela se reproduit à chaque fois, durant ces deux jours, je repense à papa. Douloureux.

Enchaîné avec la cardio. Les deux journalistes m'ont suivie. Une dame toute frêle et âgée qui plongeait son regard dans mon corps, buvait mes mouvements. Un très beau regard devant qui danser.
En cardio 2, un monsieur qui voulait bien essayer. Il a découvert une émotion qu'il ne pensait pas sentir en regardant de la danse ; lui ai suggéré de retourner voir du spectacle vivant. À côté de lui, un plus jeune homme

tatoué et rasé qui dormait, le tour de son lit très décoré ; feuilles de palmier, bâtons avec des trophées...

En gastro-entérologie, discussion avec l'aumônier puis avec un médecin encore jamais vu, car changement de jour. Une interne ou un médecin (?) est venue voir un solo.
Dans tous les services, je leur ai laissé une coupure de presse et les ai réinvités à venir voir.

Bientôt l'été. Ces deux mois de vacances me sont nécessaires ; besoin de me ressourcer, en danse et en images.
Je revois la vidéo que Anne a tournée. Je suis très surprise de tenir aussi bien sur mes équilibres ; de voir que les risques que je prends ne me renversent pas. Cette vidéo est-elle mieux que la réalité ? Le montage favorise un rythme qui n'existe pas forcément ; y réfléchir.
Ce dernier jour, pour la première fois, quelqu'un m'a posé la question du pourquoi je faisais cela.

septembre 2003

— *patients, vous dites patients vous aussi.*
— *Oui, ce sont des gens en attente,*
qui doivent être patients.

novembre 2003

Une habitude du lieu, des automatismes dans les gestes.
Une technique d'arrivée apparaît.
Un public toujours changeant. Une danse à adapter en permanence.
Pneumo-oncologie : plus facile d'accès avec le personnel.
Un monsieur qui chante pendant que je danse : juste 20 secondes car il a oublié la suite.
Comment la curiosité, l'envie apparaissent après la présentation du projet. Parfois je peux pousser des gens à dire oui, parfois il ne le faut pas. Argumentations et négociations intéressantes.

En pneumo, un monsieur en fauteuil roulant demande « Fanfare japonaise », je pense que c'est parce que c'est la plus longue. Puis il me suit dans deux autres chambres. Dans la deuxième, 3 hommes âgés, avec Rina Ketty comme choix, perdus et hésitants entre leurs souvenirs (eux jeunes) et cette danseuse du présent (elle jeune). Dans les regards, dans l'attention, il y a un va-et-vient. Le monsieur en fauteuil m'embrasse.
En cardio, curiosité de l'équipe qui n'ose pas franchir la

porte. 2 messieurs intéressés mais pas disponibles. L'un deux veut garder le dépliant car il ira peut-être voir un spectacle en févier. Gagné ?

En gynéco, rencontre très douce et émouvante avec Tatiana, russe installée à Saint-Claude depuis deux ans. Un visage très ouvert, une évidence de la vie qu'elle traverse, une fatalité sans regret ni tristesse.
Beaucoup de plaisirs à danser cette fois-ci ; une confiance en moi, en les gens qui m'accueillent et une pointe de trac à chaque fois. Faire que cela marche. Quoi cela ? Je ne sais pas.

En gastro, rencontre de deux femmes dont une connaissait le Centre Chorégraphique de Belfort par sa fille, élève en section danse au lycée de Montbéliard et l'autre, sa sœur, qui veut parler de moi ailleurs et remercier la direction. Un couple âgé qui, profitant d'être dans le couloir pendant la visite du médecin auprès de leur parent, accepte de se joindre à moi, dans une autre chambre, pour assister au spectacle ; ils sont ravis.
Une dame : *c'est bien de s'intéresser aux autres. D'accord pour que vous dansiez mais mettez-vous proche, je suis myope.*

Cardio : deux hommes. Rina Ketty.
La fille de l'un : son père à 97 ans. *C'est sans doute son dernier spectacle,* a-t-elle dit. Quand il était à Paris, il voyait des spectacles, il a vu Joséphine Baker.

Une femme m'a vue à la télé, aujourd'hui elle est fatiguée, et puis surtout, j'ai la sensation que comme elle m'a vue à la télé, c'est suffisant, elle a déjà vécu ce moment de danse !!

28/29 janvier 2004

Grand temps entre la séance de décembre et celle-ci.
Re-projet. Du déjà vu et pourtant toujours différent.
Jeudi, ce n'est pas une bonne journée. Soucis du matin.
Peu d'énergie, peu d'envie.
Le fait que les programmes soient distribués avec le plateau-repas prépare les patients à ma venue, ils sont plus accueillants. Je n'étais pas assez rassemblée, un peu l'impression de gesticuler parfois, de passer le temps.
C'est mon corps, une représentation de moi, une découverte de mon corps plastique, de ses possibilités physiques, de mes émotions, de mes ratés.
Pourquoi je viens danser ici, devant eux ?

Vendredi. 1h30 en pneumo. Très agréable arrivée. Très bon accueil de tous. Donc, plus de plaisir à danser, à échanger. Plus d'évidence, quoique !

Accepter cet art éphémère, accepter que ses effets soient éphémères, accepter de ne pas avoir de retours !
Parfois une danse réveille des douleurs, replonge les patients dans leurs souvenirs, alors ils ne me regardent plus, je n'existe plus. Je suis le révélateur, si la chose apparaît. C'est un travail de longue haleine, il ne faut pas perdre le souffle.

Un monsieur ressemblait à mon père, sa peau ressemblait à celle de mon père, sa finesse, sa transparence, ses taches de vieillesse, j'étais assez bouleversée, difficulté à le regarder dans les yeux.

février 2004

En pneumo-oncologie c'est toujours mieux. Je suis aussi peut-être plus apaisée, plus détachée, donc plus présente.
En gastro, devant un monsieur qui voulait la danse dans le silence. C'est un état particulier, cela faisait longtemps que je n'avais pas dansé avec cet air, là, entre nous, cette émotion que provoque le silence. À la fin de la danse, il m'a raconté tout ce qu'il avait vu, c'était beaucoup. *Très nature,* m'a-t-il dit. *Une impression de sous-bois, de ciel étoilé, entre chiens et loups.* Il était complètement parti ailleurs. Lui même faisait des spectacles de rue, avec famille complète.
Ai revu ce jeune homme, très handicapé, devant qui j'avais dansé ; sa mère était là aussi, dans la chambre. Il avait pleuré en entendant la musique ; cette fois-ci sa mère n'était pas là. J'ai demandé à l'infirmière si je pouvais danser dans la chambre. *Ce n'est pas la peine* m'a-t-elle dit, *il ne profitera pas !!* Dommage.
J'ai entendu parler d'une infirmière dont la fille, anorexique, va très mal. Comment refouler son corps à ce point-là ? Cela m'a beaucoup touchée. Peut-être faire quelque chose pour ces gens-là. Mais peut-on être partout ?

Pneumo, adhésion unanime. Un nouveau médecin ou interne... est venu, elle avait l'air bouleversé, elle ne pouvait que dire, *c'est vraiment très bien, continuez*. Je crois en plus que c'était une représentation pas mauvaise ! Un monsieur tout seul dans une grande chambre, qui avait envie de Rina Ketty mais qui ne voulait pas l'entendre car cela le ferait pleurer. Finalement, il a accepté.
Il était très content du spectacle. Mais lorsque je suis sortie de sa chambre, il a pleuré !!!

En cardio, accueil tonitruant d'un monsieur de Paris ! Je suis « la patronne de son village » !! Il aime les danses à deux pour tenir une femme dans ses bras.

En pneumo, une jeune et une moins jeune, curieuses mais un peu hésitantes. Puis grande discussion. La jeune a ressenti des « choses » dans son corps, ce n'était pas désagréable, mais pas l'euphorie non plus. Le dialogue de corps à corps qui m'est si cher a eu lieu.

En gastro, une dame attend son mari qui est en examen, je lui propose de venir dans une autre chambre pour assister à un spectacle ; *Oh, ben non, on a bien assez d'ennuis comme cela !!!*

Il faut que je prépare ce questionnaire, c'est vraiment nécessaire. La jeune femme de pneumo avait mal dans son corps de me voir danser. Une autre, en gastro, une visiteuse, m'a dit aussi, bouleversée, qu'elle avait trop mal. L'émotion ressentie devient une douleur lorsqu'elle est trop importante. Comment reçoivent-ils cette danse, peut-être trop violemment ? J'ai peur parfois de les inviter à partir pour un voyage sans m'occuper de leur retour. Peut-être le questionnaire les aidera-t-il à rassembler leurs émotions, à replonger dans ce jour ?

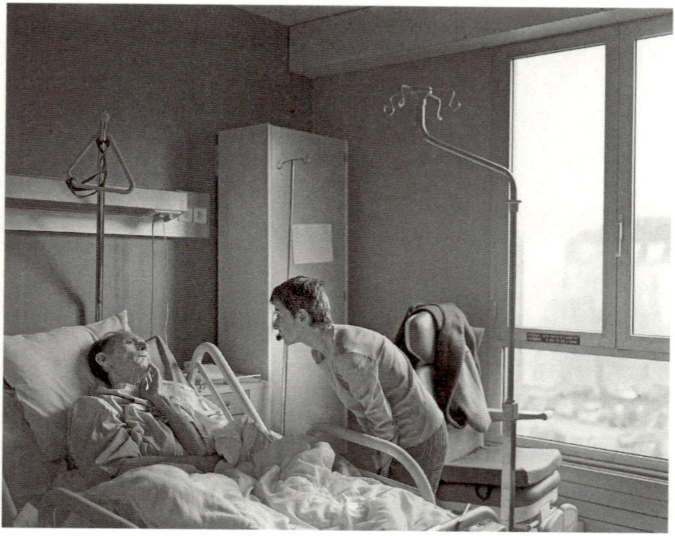

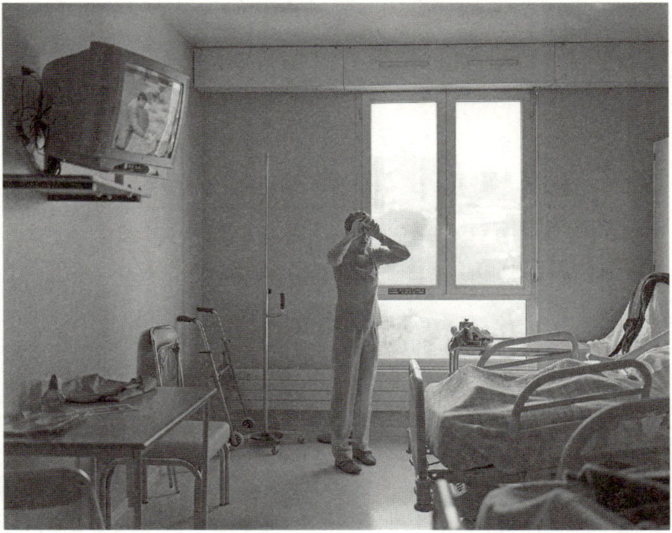

mars 2004

59 personnes
Jeudi.
J'attaque une nouvelle phase du projet. Le questionnaire est prêt, je vais le distribuer aujourd'hui.

Oncologie : I□I□□II□□□□I□IIIII□□□21 personnes

(I : patient ; □ : visiteur ou personnel)

Gastro-entérologie : II□III 6 personnes

Gynécologie : II□□II□ : 7 personnes

Pneumo : IIIIIIIII□IIII : 14 personnes

Cardio : II□II□□□II□ : 11 personnes

En pneumo, un monsieur m'a dit :
Moi je ne sais pas quand je vais tomber, mais bon...

Certains voudraient plus de danses mais n'osent pas le demander. Le questionnaire réduit le temps de parole entre nous. Finalement, ce n'est peut-être pas à moi de le proposer. C'est sûr, les gens ont besoin d'art, de corps, de musique ; d'autres choses que les soins techniques ou les discussions du quotidien.

3-4 juin 2004

38 personnes

Pneumo-onco + ½ heure

I□□IIII□I : 9 personnes

Gastro

□IIIII : 7 personnes

Gynéco

□III : 4 personnes

Fatiguée, retour de Pise après une représentation de *Trois boléros*.

Annie V. en spectateur. Peu de demandes, d'accueil ce jour-là. En gynéco, une vieille dame m'a dit que j'avais dû connaître un grand malheur pour faire ce que je faisais. J'ai été déstabilisée, je ne lui ai pas répondu, sa remarque fait résonance à plusieurs niveaux.

Agréable discussion avec deux femmes de gynéco et un nouvel interne. Je m'ouvre aux gens, je leur fais part de mes questions, de mes envies, ce n'est pas facile.

La fin d'après-midi est plus légère, la sensation du travail bien fait. Christophe me porte mon sac, me conduit, me soutient, merci.

1 heure pneumo :

IIIIII□IIII : 12 personnes

Beaucoup de demandes. Accueil par Véronique :
Ah ! Ça fait du bien de vous voir !
Pas mal de discussions. Les gens m'ont vue à la télé, ils sont contents de me rencontrer.
Un monsieur m'a dit qu'il attendait de mourir, je n'ai pas dansé devant lui, lui ai souhaité une bonne journée. Ce « bonne journée », qu'est-ce qu'il vient faire ici !
J'ai dansé devant une dame qui avait les yeux fermés, comme cousus, un teint abîmé. Elle a choisi deux danses, de la musique classique, pour la deuxième je lui ai dit de me regarder. Elle était touchante, son père était musicien. Elle m'a demandé si je reviendrais, sans pouvoir m'assurer qu'elle serait encore là la fois suivante. Je lui ai proposé une troisième danse, c'était bien.
Cardio : IIII□I 6 personnes
Vous avez une bonne figure toute gentille.

24 juin 2004

60 personnes pour les deux jours.
Pneumo-onco : pas les chambres 38 - 44 - 47 - 48
½ heure.
I□I□I□I□□□I□I 13 personnes
La dame déjà vue. Toute émue. À la voix tremblante.
Gastro-entéro : 11 personnes.
Gynéco : 7 personnes.
Ai dansé devant une Mme Pernin mais elle ne voulait pas que l'on soit parents !!!

25 juin 2004 :

Pneumo : 12 personnes
ai dansé devant la dame aux yeux fermés.
Cardio : 8 personnes.
Pas les 49 et 46.
Une dame bien fatiguée, à bout de souffle.
9 personnes.

jeudi 9 septembre 2004 :

14 personnes
Pneumo-onco : 3 personnes

Une vieille dame sur Rina Ketty qu'elle a choisie. Très en attente et puis gros chagrin à la fin. Sanglots en silence. Un profond trop plein.
Il n'est pas nécessaire de faire quelque chose de bien, il n'est pas nécessaire de faire quelque chose. Être là ; donner la possibilité aux gens de voir, d'écouter. Être humble. Je mets la barre trop haut, je suis trop exigeante, trop prétentieuse et pleine de doutes. Ne pas oublier que c'est le langage du corps, lâcher prise, laisser tomber.

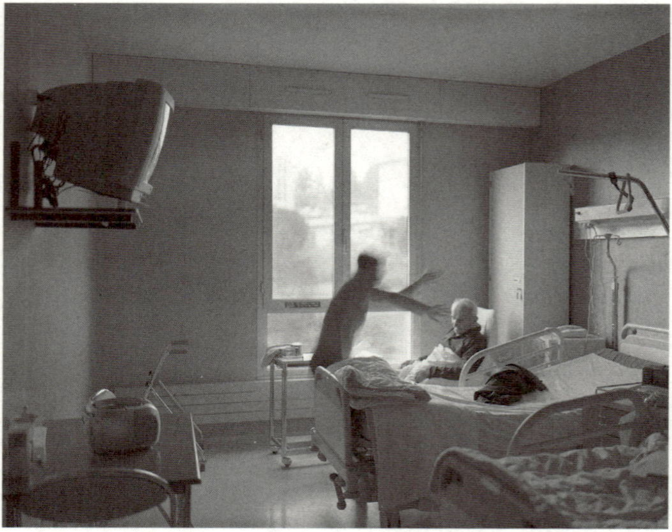

Gastro-entéro : + ½ heure.
7 personnes.
Gynéco : 4 personnes.
Pneumo : 9 personnes.
Sensation étrange de non-souffrance.
Cardio : 5 personnes.
2 personnes dans une même chambre. Une dame qui refuse absolument que la musique rentre à l'hôpital. Elle est malade et ne veut pas céder à sa voisine, qui, elle, réclame une danse. Alors je porte avec une infirmière la dame dans le couloir et danse pour elle. Je la ramène toute seule, comme je peux, *pousser madame, la tête vers le plafond* !, elle avait l'air radieux.
Cardio : 10 personnes + 10€ !!!

Jeudi + vendredi – 38 personnes.

7 octobre et 8 octobre 2004
59 personnes.
Pneumo-oncologie : 14 personnes.
Gastro-entéro : 6 personnes.
Gynéco : 13 personnes.

8 octobre
Pneumo : 13 personnes.
Cardio : 9 personnes.
Cardio : 4 personnes.
J'ai trouvé les gens dans un désœuvrement.
Plutôt tristes et seuls.

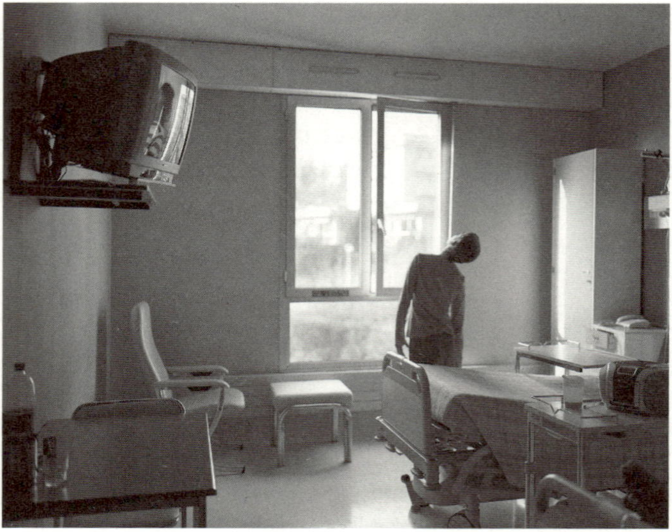

En cardio 1, ai dansé sur Rina Ketty avec un monsieur dans le couloir. Une ambiance de fête tout d'un coup. J'ai réussi à faire sourire quelques personnes, belle victoire mais beaucoup trop d'énergie à déployer. Devant une chambre, ai croisé un médecin de cardio 1. Lui ai demandé s'il voulait y aller d'abord. Il m'a répondu que la dame n'avait plus envie de vivre. Qu'elle avait plus besoin de moi que de lui. En pneumo. La kiné a trouvé que j'avais mauvaise mine !! Oui, je suis fatiguée.

18 novembre et 19 novembre

59 personnes.
Pneumo-onco : pas la 44. 10 personnes.
Les gens fatigués. Beaucoup de chambres vides.
Lin et Aurore sont là, mais je me sens seule. J'ai le trac.
Je porte un regard plus critique sur mon travail du fait de leur présence.
Gastro : pas les 46 et 22. 15 personnes.
Gynéco : 6 personnes + 5€ !!!

19 novembre

Pneumo : 11 personnes.
Cardio 1 : 11 personnes.
Cardio 2 : 6 personnes.
C'est toujours étonnant ces gens qui demandent à entendre "J'attendrai" de Rina Ketty parce que cela leur rappelle leur mère ou leur père ou la personne aimée, disparue... Cette chanson les fait pleurer. Un besoin de se replonger dans la tristesse.

En cardio. Une dame pour qui j'ai dansé dans le couloir. Le beau médecin, les infirmières et d'autres patients regardaient. Ambiance de plus en plus good dans ce service. La dame très heureuse. Elle danse parfois aussi, toute seule dans sa cuisine, mais craint qu'on ne la prenne pour une folle !
Les derniers services de la journée sont un peu lésés, car je fatigue physiquement et psychologiquement. Quelques très beaux morceaux de danse, il me semble, de l'intérieur, mais parfois cette sensation n'est pas juste !! Sur Michaël Nyman et « Jim ».

9 décembre
15 personnes.
Pneumo-onco : pas la 40. 4 personnes.
— moi, j'écoutais les chansons à la radio, et lorsqu'on étouffait, lorqu'on en avait assez, alors on éteignait.
— Je laisse la porte ouverte ?
— oh oui, comme ça, pour le hasard...
Gastro : pas la 21. 11 personnes.

10 décembre
Gynéco : 22 personnes.
Pneumo : pas les 47 et 42. 9 personnes.
Cardio : pas les 96 et 98. 8 personnes.
Neuro : pas la 44. 5 personnes.

6 janvier 2005
22 personnes.
Cardio : pas la 96. 7 personnes
Neuro : 10 personnes
Gynéco : 5 personnes
En cardio, un vieux monsieur tout maigre qui m'a embrassée et a regardé mon costume, il avait l'air content. Parfois je suis vraiment à court d'inspiration, je me regarde faire et trouve cela pas très bon.

20 janvier
50 personnes
Neuro : pas les 23 et 49. 13 personnes
Pneumo-onco : 6 personnes
Gynéco : 6 personnes
Pneumo : 10 personnes
Cardio : IIIIIIII
Gastro : pas la 47. 6 personnes

4 février
18 personnes
Neuro : 12 personnes
Pneumo-onco : pas les 43 - 35 - 37 - 40 - 27 - 28.
Rien.
C'est très très lourd comme service. Les programmes n'étaient pas distribués. Les patients sont fatigués, sans joie. Ambiance pourrie.
Un monsieur m'a dit que je devrais m'habiller + en femme, en danseuse, avec une robe ou une jupe. Il le disait sur

un ton pas agréable, cela m'a vexée. En neuro, photo à « la chambre » avec Lin. Nous commençons à être assez complices, il trouve sa place. Avec les patients qui ne peuvent pas parler (surtout dans ce service), j'atteins un niveau de langage de corps très poussé ; c'est vertigineux, très fragilisant, complètement déstabilisant. Cela fait un peu peur aussi, de dire autant sans les mots.
Vous êtes dans votre élément, m'a dit une vieille dame. Mais qu'est ce que cela fait chez ces personnes qui reçoivent ? Comment interprètent-elles ma danse ? Il n'y a pas de mots pour vérifier tout cela.
Après ces films sur Auschwitz vus cette semaine, besoin de danser sur Talila, besoin d'y rester encore un peu, de m'y inscrire aussi ; comme un témoignage, une commémoration de ma part aussi. Sur certains corps je vois la mort.
Gynéco : 6 personnes

vendredi 4 février
15 personnes
Pneumo : 12 personnes
Cardio : 2 personnes
Gastro : 1 personne
Non pas maintenant, je voudrais regarder mon film : Les Feux de l'amour !
(Je ne fais pas le poids !!)

24 février
23 personnes
Cardio : 14 personnes
Neuro : pas les 44 et 45. 4 personnes
Gynéco : 5 personnes

10 mars
21 personnes
Neuro : pas les 48 et 49. 15 personnes
Pneumo-onco : 6 personnes
Gynéco : personne car le service déménage !

11 mars
31 personnes
Pneumo : pas la 44. 8 personnes
Cardio : pas les 97 et 98. 10 personnes
Gastro : 13 personnes

10 mars
Florence et Lin.
Bon écho en neuro. Bonne danse. Bon travail. Fatigue en fin de journée. J'ai dansé dans deux chambres, à nouveau seule, cela faisait longtemps. J'ai retrouvé les sensations du début. En pneumo-onco, il serait bien de laisser la porte ouverte, cela amène la musique dans tout le service, circule mieux. Ai retrouvé la dame avec ses 2 petits enfants, chambre très décorée. Je n'ai pas pu proposer le projet à une grande partie des patients car l'infirmière pensait que ce n'était pas nécessaire...

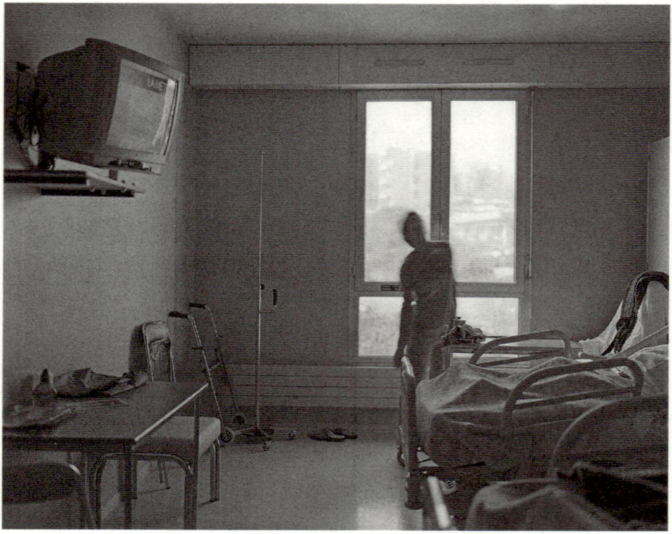

11 mars
en pneumo une dame ne souhaite pas voir une deuxième danse mais me demande quand même de laisser la porte ouverte pour m'entendre.

jeudi 24 mars
17 personnes
Cardio : pas les 97 et 99. 6 personnes
Neuro : 6 personnes
Gynéco : 5 personnes

jeudi 17 avril
18 personnes
Neuro : 6 personnes
Pneumo-onco : 5 personnes
Gynéco : 7 personnes

vendredi 8 avril
11 personnes
Pneumo : IIIIII. 6 personnes
Oui, mais ça me casse la tête la musique
Cardio : 2 personnes
Gilet bleu roi en laine, tricoté maison et œil rouge. On dirait un oiseau. *J'ai 93 ans, j'aimerais avoir 80 ans de moins.*
Gastro : pas les 20 - 33 et 41 - III. 3 personnes

vendredi 28 avril
17 personnes
Cardio : pas les 80 et 81. 7 personnes
Ai dansé devant le médecin pour la première fois. Il a pris le temps de venir s'installer dans la chambre et de choisir « Luft » . Pas la plus courte ! Il avait l'air apaisé après, je crois qu'il s'est un peu évadé. Aujourd'hui je suis seule, pas envie de proposer à quelqu'un de m'accompagner. Je suis plus tranquille, moins fatiguée, plus à mon rythme. C'est une drôle de tranche de vie que je me suis construite. Je me sens experte et débutante dans cette expérience ; j'ai déjà beaucoup fait, mais ai encore beaucoup à faire.
Neuro : pas les 46 et 47. 10 personnes
Un monsieur torse nu, attaché, manipule les tissus. Il avait défait tout son lit. Il pliait et déchiquetait tout ce qui lui passait entre les doigts.
Ai dansé pour lui, un pigeon sur le bord de la fenêtre.
Gynéco : service sympathique mais je n'ai jamais senti une nécessité à ma présence.

jeudi 12 mai
14 personnes
Neuro : IIIIIIIII. 9 personnes
Pneumo-onco : 5 personnes
En neuro, un monsieur a parlé de moi à une infirmière, il avait beaucoup apprécié. Aujourd'hui à nouveau là, au milieu de la danse il est parti aux toilettes pour une diarrhée malodorante et bruyante. Un autre monsieur d'origine maghrébine, très ému, m'a beaucoup remerciée,

à l'orientale, et m'a embrassée. Une chambre double, une vieille dame qui faisait « non » de la tête sans arrêt, mais en fait elle voulait bien que je danse. Avec elle, une jeune et rondelette prof de modern'jazz. Elles ont beaucoup aimé et la plus jeune m'a trouvée gentille !
En pneumo-onco, gros barrage de la cadre infirmière, car trop de personnes mal, en fin de vie.

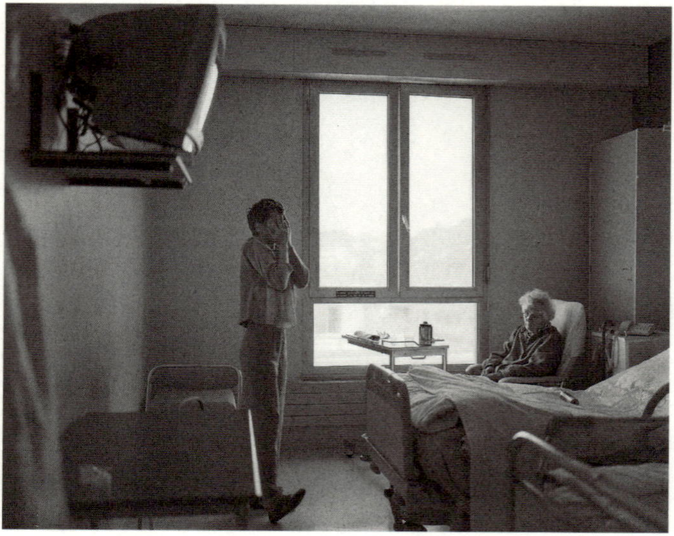

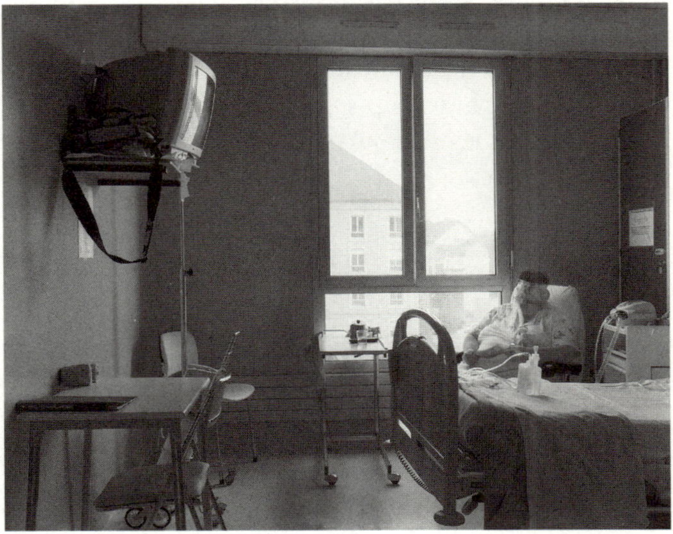

Comment faire avec la répétition, c'est ce qui me pèse le plus. Je sais pourtant que seul le cadre reste identique. Dedans rien n'est pareil.
Le corps est un amas de chair, de liquides et d'os. Et souvent on n'en prend pas beaucoup soin. On l'abîme, on n'y fait pas attention. Je suis un peu perdue aujourd'hui. Le corps, même ici, n'est plus très important, on le supporte, on ne l'aime pas beaucoup.
Alors moi, avec le mien qui essaie de communiquer, suis un peu dérisoire.

vendredi 13 mai
19 personnes
Gynéco :
Pneumo : IIIIIII. 1 dans le couloir, 8 personnes
Cardio : IIIII. 5 personnes
Gastro : pas les 36 et 43. IIIII. 6 personnes

jeudi 26 mai
22 personnes
Cardio : pas la 97. 11 personnes
La danse bof ! Bof ! Mais une ambiance très calme, très agréable. Compliment du médecin, *merci de venir, merci pour les malades* . Cela doit lui faire du bien aussi !
Neuro : IIIII. 6 personnes
Gynéco : 5 personnes

jeudi 9 juin
42 personnes
Neuro : 19 personnes
Pneumo-onco : IIII. 4 personnes
Moyen séjour : 19 personnes

vendredi 10 juin
16 personnes
Pneumo : IIIIIIIIIII. 11 personnes
Deux vieux messieurs déconnectés : *bon appétit*, à 10h30 !
Cardio : pas la 96. II. 2 personnes
Gastro : pas la 46. III. 3 personnes

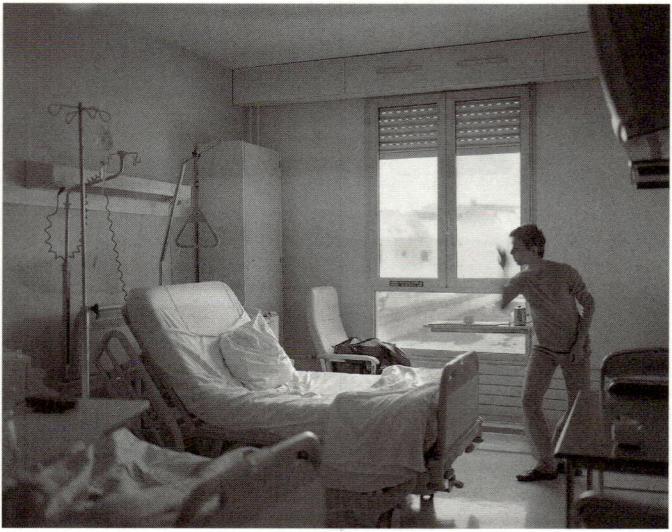

jeudi 23 juin
28 personnes
Cardio : IIIIIIIII. 9 personnes
J'ai fait sourire une dame qui ne communique absolument pas, félicitations d'un soignant.
Neuro : 15 personnes
Gynéco : pas la 39. 4 personnes

jeudi 8 septembre
12 personnes
Neuro : 6 personnes
Moyen séjour : 6 personnes

vendredi 9 septembre
18 personnes
Pneumo : IIIIIIIIIII. 11 personnes
Cardio : IIIIIII. 7 personnes

jeudi 13 octobre
15 personnes
Neuro : IIIIII. 6 personnes
Moyen séjour : 9 personnes

vendredi 14 octobre
15 personnes
Pneumo : 10 personnes
Cardio : IIIII. 5 personnes

jeudi 2 novembre
11 personnes
Neuro : IIIIII. 6 personnes
Alice est Alzheimer.
Moyen séjour : 5 personnes

vendredi 3 novembre
10 personnes
Pneumo : IIIIIIII. 8 personnes
Ils ont distribué les programmes et affiches, ouf !
Tout me faisait envie dans le programme.
Cardio : II. 2 personnes

jeudi 8 décembre
13 personnes
Neuro : IIIII. 5 personnes
Moyen séjour : 8 personnes

vendredi 9 décembre
17 personnes
Pneumo : IIIIIIIIII. 10 personnes
Cardio : IIIIIII. 7 personnes

12 janvier 2006
14 personnes
Moyen séjour :

9 février 2006
20 personnes
Moyen séjour : *je viens de me battre contre un cancer, et je l'ai eu, c'est lui qui a lâché !*
Un monsieur dit *non* , puis comprend mieux la proposition et devient tout rouge de gêne ; mais dit non.

9 mars 2006
14 personnes
Moyen séjour : retour de Singapour après plusieurs représentations. Là bas, les patients étaient dans des grands dortoirs, très entourés de leur famille, ambiance très vivante. J'étais pleine d'énergie. Ici c'est plombant. Et puis que de solitude, de lourdeur, je suis fatiguée !!
Alice ne me reconnaît plus, elle n'écrit plus dans son bloc. Elle s'ennuie, erre dans le couloir. Cruel Alzheimer.

17 mars 2006
21 personnes
Maison de retraite, Avanne : nous sommes très très loin les uns des autres. Qu'est-ce qui passe de ma danse, de mon émotion vers ces personnes ; elles me semblent déjà ailleurs ; leur corps est là mais ce n'est qu'une enveloppe, je ne suis pas sûre qu'il puisse ressentir mes mouvements. Le dialogue de corps à corps me paraît bien dérisoire.
Peut-être la prochaine fois, le corps s'ouvrira, retrouvera des sensations. C'est plutôt déprimant cette non-communication.

vendredi 31 mars
13 personnes
Avanne : une dame de 100 ans : *je voulais savoir ce que cela faisait d'arriver jusque là, et bien c'est pareil. On est un peu plus vieux, c'est tout.*

jeudi 13 avril
12 personnes
Lons : Alice a dit *oui* !! Elle ne me reconnaît plus, ne déambule plus, parle correctement avec quelques propos incohérents.
On m'appelle *Ma petite dame, Ma jolie cocotte*.

vendredi 14 avril
19 personnes
Avanne : *Papa, pousse tes pieds*
Papa, maman, on va mourir

jeudi 4 mai
17 personnes
Lons : l'odeur du service est unique. Cette femme complètement nue, toute contente.
Alice n'est plus là.
Beaucoup de gens nouveaux, ouverts, accueillants.

vendredi 5 mai
13 personnes
Avanne : ils ont un si grand besoin de parler.
Une dame aphasique, qui bouillonne à l'intérieur, arrive à applaudir.
Une autre : *C'est bien mais ça choque*

jeudi 18 mai
13 personnes
Lons : Noël B. avec moi.

vendredi 19 mai
17 personnes
Avanne : *il faut le faire avec le bout des doigts*
Amour, aimer
Un monsieur de 96 ou 97 ans, il ne sait plus… Il me chante la Marseillaise et l'Internationale. Une dame tète un verre et me parle avec une voix de chaton.

1er juin 2006
4 personnes
moyen séjour : IIII
il ne me reste plus qu'à vous remercier et à vous acclamer
Ambiance brouillard. Les patients dorment. Pas de visite. Pas de personnel soignant. Un jour pour rien.

2 juin 2006
15 personnes
Avanne :

14 juin 2006
6 personnes
moyen séjour : IIIII. Pas les 23 - 34 - 38 - 57.
Un monsieur dort avec tous ses vêtements, chaussures et objets en hauteur, sur les sièges et la table. Rien de personnel ne touche le sol.
Des gens perdus, sans repère d'espace ni de temps.
Des gens qui hurlent.
Une femme parle à son fils et à sa belle fille qui ne sont pas là.

15 juin 2006
13 personnes
Avanne :
la danse ça apporte un supplément à tout ce que l'on a déjà .
Une vieille dame assez sourde, très digne, un vocabulaire recherché, belle.

7 septembre 2006
16 personnes
Lons : moyen séjour
Non, moi non ; pas aujourd'hui. Les propriétaires et Mme Durand oui, ils aiment bien, la peinture et tout ça, toutes ces choses annexes.
Je suis seul, ma femme,……, je crois qu'elle est morte, enfin, peu importe ; non, pas peu importe, mais bon, qu'est ce que vous voulez que j'y fasse !

Vous êtes toute en morceaux

8 septembre 2006
12 personnes
Avanne

22 septembre 2006
11 personnes
Avanne : *oh, un petit corps, un tout petit corps*

19 octobre 2006
11 personnes
Moyen séjour : ils doivent aller chercher au fond d'eux une énergie, une force pour applaudir.
Un monsieur qui ne parle presque pas, est-ce qu'il comprend ce que je lui dis ? Communication difficile et puis en partant il me dit : *à bientôt ?*
Et un autre encore : *la danse, c'est un bon sport, oh oui.*

20 octobre 2006
IIIIIIII
Avanne : 3ème étage

9 novembre 2006
14 personnes
Moyen séjour : pas les 24 - 23 - 37.
il n'y a pas de sot métier

10 novembre 2006
IIIIIIIIIII
Avanne : rez-de-chaussée
Bravo, bravo, mais applaudissez.
Pourquoi personne n'applaudit ?

Ce serait rigolo si en lançant votre jambe elle partait…

24 novembre 2006
IIIIIIII
Avanne : 3ème étage
Une vieille vieille dame, mâchoire décharnée, qui laisse sortir un « chant ».
Une dame de 99 ans, sa fille de 80 ans !

7 décembre 2006
14 personnes
Moyen séjour : pas les 25 et 26.

8 décembre 2006
8 personnes
Avanne : pas les 207 et 204.

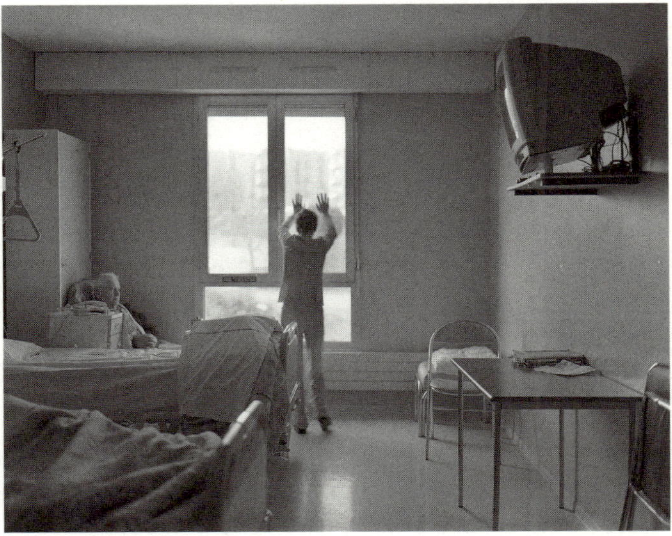

SUSPENSIONS

Christophe Fourvel

Où vont mes jambes ?
Pourquoi je ne sens pas mes jambes quand je marche ?

Où j'en suis de ce qui est possible ?
de ce qui est mon possible ?

Qu'est-ce que je dis qu'il va m'arriver
pour ne pas sentir ce qui m'est déjà advenu ?

Pourquoi j'ai mangé cette glace et pourquoi
je n'ai pas fait attention à ce que je mangeais ?

Pourquoi je n'ai pas faim ?

Combien d'heures de vie font une heure de souvenirs ?

Est-ce que les mots qui restent en bouche
deviennent des blessures dans la chair et les organes ?

Est-ce que quand je parle d'amour
je ne me trompe pas ?
Est-ce que l'amour fait partie des choses
qui bougent ?
Est-ce que la douleur partagée diminue
un peu la douleur ?

Est-ce que les très vieux souvenirs ressemblent
à des vêtements sur un étendoir venté ?
Est-ce que c'est le bruit du vent qui nous émeut ?

Est-ce que la danse a la propriété du vent ?

De combien d'états d'âme mon âme est-elle capable ?
Et combien de réalités différentes provoquent
la même émotion ?

LES AUTEURS

Geneviève Pernin est danseuse et chorégraphe. Née à Brignoles, elle vit à Mamirolle. Interprète depuis 1985 pour de nombreuses compagnies de danse contemporaine (Odile Duboc, Pascaline Richtarch-Castellani, Florence Girardon, Odile Cazes, Paul les Oiseaux...), elle créé sa compagnie BRRFTTTT en 2002 à Besançon. Ses spectacles mêlent danse, écriture, photographies, vidéos, voix... En parallèle de ses créations scéniques, elle aime proposer des spectacles dans des lieux qui ne sont pas destinés à en accueillir (musées, hôpitaux, galeries d'art...) et danser pour des spectacteurs qui ne le sont que le temps que dure la danse.
Contact : lesdansesdegenevieve@sfr.fr

Lin Delpierre est photographe. Né à Bayonne, il vit à Besançon. Grand voyageur, lauréat de prestigieuses bourses et résidences (Villa Médicis-Rome, Médicis hors-les-murs, Villa Kujoyama-Kyoto...), il expose en France et à l'étranger. Il publie également des ouvrages de photographies. Il collabore régulièrement avec d'autres artistes, comme ici avec la chorégraphe Geneviève Pernin avec qui il travaille depuis 2004.
Site : lindelpierre.net

Marie-France Beaudoin est historienne d'art. Née au Québec où elle vit toujours. Ses activités professionnelles sont multiples. On peut la rencontrer aussi bien dans des universités où elle enseigne, que dans des expositions dont elle a assuré le commissariat. On peut lire ses publications, aller l'écouter lors de colloques ou de conférences, suivre ses ateliers...

Christophe Fourvel est écrivain. Né à Marseille, il vit à Mamirolle. Etudiant en neurosciences, puis bibliothécaire, puis libraire puis chargé de mission, il se consacre depuis 2006 pleinement à l'écriture. Lauréat de bourses, accueilli en résidences (Ville de Nancy, Villa Marguerite Yourcenar...), il fait aussi écrire les autres, enfants et adultes, dans le cadre d'ateliers qui peuvent avoir lieu dans des établissements scolaires, des musées, des centres hospitaliers, des maisons d'arrêt, des maisons de retraite, des théâtres... Depuis 1999, il a publié une douzaine d'ouvrages, romans, nouvelles, essais, pour adultes et pour enfants. Il collabore depuis longtemps avec d'autres artistes et tout particulièrement avec la chorégraphe Geneviève Pernin.

REMERCIEMENTS :

Monsieur Yves Mamie.
Madame Isabelle Voutquenne.
Madame Marie-Jo Mitjana.
Madame Marie-France Beaudoin.
La Direction Régionale des Affaires Culturelles de Franche-Comté et l'Agence Régionale de la Santé de Franche-Comté.
Le Centre Hospitalier de Lons le Saunier et tous les membres du personnel qui ont été les premiers à accueillir ce projet.
Les patients.
L'association BRRFTTTT.

Si vous avez cinq minutes je viens danser rien que pour vous a été accueilli en France dans les Centres Hospitaliers de Lons-le-Saunier, Dole, Montbéliard-Belfort, Brignoles, Hyères, Toulon, Pontarlier ainsi qu'au Centre Hospitalier Universitaire de Nantes (Laënnec). Dans les Centres de soins et d'hébergement de longue durée d'Avanne et de St Herblain. Dans les Centres médico-psychologiques de Béthune et de Bruay-la-Buissière et au Centre Hospitalier Spécialisé de Bully-les-Mines. À l'étranger, à l'Hôpital Général de Singapour et au Centre Hospitalier Universitaire de Sherbrooke (Canada).

CHEZ MÉDIAPOP,
DANS LA COLLECTION SUBLIME

o

DÉJÀ PARUS

About Rock, Sex and Cities

de Denis Scheubel et Henri Walliser

Far out !
Les années hip : Haight-Ashbury,
Big Sur, India, Goa

de Bernard Plossu

Songs to learn and sing

de Vincent Vanoli, textes de Calou, Philippe Dumez,
Everett True et Fabrice Voné

De Buffalo Bill à Automo Bill

de Bernard Plossu & David Le Breton

Small Eternity

de Ayline Olukman avec un texte de Emmanuel Abela

La faute aux dinosaures

de Anthony Ghilas

Funky Boy

de Yves Tenret

CHEZ MÉDIAPOP,
DANS LA COLLECTION AILLEURS

◆

DÉJÀ PARUS

La Courneuve, mémoires vives

Préface de Cloé Korman & Solène Nicolas

Raqa

L'histoire n'est encore qu'un regard d'enfant

de Christophe Fourvel

Îles grecques, mon amour

de Philippe Lutz

avec des photographies de Bernard Plossu

Ouvrage publié avec le concours du Centre régional du Livre
de Franche-Comté et de la Région Franche-Comté

Publié avec le soutien du ministère de la Culture et de la communication -
Direction régionale des affaires culturelles d'Alsace

AILLEURS

4

Textes : Marie-France Baudoin, Geneviève Pernin et Christophe Fourvel
Photographies : Lin Delpierre
Conception et réalisation : star★light

Achevé d'imprimer en juin 2013
sur les presses de l'imprimerie OTT à Wasselonne
pour le compte de média**pop**éditions
Diffusion-Distribution : R-Diffusion
www.r-diffusion.org

ISBN : 978-2-918932-15-4
ISSN : 2259-5783
Dépôt légal : juin 2013